Te $\frac{123}{75}$

T 3421. porté
1. F.

MÉMOIRE

SUR

LA VITALITÉ

DES ENFANS:

PAR J. J. L. HOIN,
Lieutenant de M. le Premier Chirurgien
du Roi, à Dijon, Pensionnaire de
l'Académie des Sciences, Arts & Belles-
Lettres de la même Ville, &c.

A LONDRES;

& se trouve

A PARIS,

Chez Nic. Aug. Delalain, Libraire,
rue Saint-Jacques, à S. Jacques.

————————————————

MDCCLXV.

AVERTISSEMENT.

TANDIS QUE les divers Ouvrages publiés *pour & contre la Légitimité des Naiſſances tardives*, méritent & fixent l'attention des Savans, puis-je eſpérer de l'attirer auſſi ſur une matière qui a beaucoup de rapport avec le ſujet qui vient d'être traité?

L'intérêt que l'on a pris à celui-ci prouve combien il eſt important de chercher à connoître le terme légitime de la Naiſſance des Enfans: je penſe qu'il ne l'eſt pas moins de travailler à diſtinguer le terme auquel ils peuvent naître aſſez bien conſtitués, pour que leur longue *ſurvie* à la date de l'accouchement, ne ſoit point un motif pro-

A ij

pre à faire douter de l'époque affi-
gnée par la Mère à leur conception.

Il y a près de quatre ans que j'ai
écrit sur cette matière : mon Mémoire a été lu dans une Affem-
blée Publique de l'Académie de
Dijon ; vraifemblablement il refte-
roit encore dans mon Porte-feuille,
fi je ne croïois pas qu'il convient
de profiter de ce moment favorable pour le faire paroître. Je fou-
haite qu'il contribue à éclaircir une
Queftion auffi intéreffante que l'eft
celle *du Terme auquel les Enfans*
font viables : je ne defire pas moins
d'être éclairé par une faine & judi-
cieufe Critique, fi je n'ai point atteint
le but que je me fuis propofé.

MÉMOIRE
SUR
LA VITALITÉ
DES ENFANS.*

Dès-que l'on fçut mefurer le tems, on obferva fans doute que la durée la plus ordinaire de la groffeffe des Femmes étoit d'environ neuf mois ; & que, quand elles accouchoient avant ce terme, c'étoit à la fuite de quelque acci-

---

* La *Vitalité* eft proprement la puiffance de vivre. Si je fûbftitue le mot de *Vitalité* à celui de *Viabilité,* dont quelques Auteurs fe font fervis, c'eft que le premier, qui a été employé par plufieurs Avocats au Parlement de Bourgogne, dans des Mémoires relatifs à cette qualité des Enfans, me paroît plus expreffif que l'autre, & mieux correfpondre au mot latin *Vitalitas* qui fignifie la même chofe.

dent qui avoit dérangé l'ordre de la
Nature à cet égard. On remarqua auſſi
en général que , parmi les Enfans qui
venoient au monde, avant le neuvième
mois, quoiqu'ils fuſſent moins capables de
vivre, que ceux qui naiſſoient au terme
naturel de l'accouchement, il y en avoit
quelques-uns qui ſurvivoient long-tems
à leur naiſſance. On connut par-là qu'il
n'étoit pas d'une néceſſité abſolue qu'une
Femme accouchât dans le neuvième
mois de ſa groſſeſſe, pour que l'Enfant
fût *Viable*; c'eſt-à-dire, pour qu'il fût
né avec les diſpoſitions propres à le
faire parvenir à un âge avancé, ou au
moins aſſez bien conſtitué pour faire
eſpérer qu'il vivroit.

Il y a lieu de croire que des Femmes
foibles ſe prévalurent de ces connoiſſances, pour donner à leurs maris des
fils dont ils n'étoient pas les pères. L'ordre, qui doit régner parmi les Nations
civiliſées, en fut troublé. Les Loix
Romaines, pour le rétablir, fixèrent le

premier terme de la *Vitalité légale* des Enfans à leur naiſſance arrivée au 182e jour après leur conception ; ou, ce qui eſt la même choſe, au commencement du *ſeptième mois* de la groſſeſſe de leur mère ; parcequ'*Hippocrate*, l'Oracle de la Médecine, avoit regardé ce terme comme le premier de leur *Vitalité naturelle* ou *phyſique* : De ſorte que, depuis l'établiſſement ou l'adoption de la Loi qui l'a fixé, *Tout Enfant, né vivant au ſeptième mois commencé, a une Vitalité légale ; & celui qui naît avant ce mois de groſſeſſe, n'eſt pas légalement Viable.*

Quoique les Juriſconſultes aient toujours regardé ce premier terme comme légitime, ainſi qu'on peut le voir dans *Paul Zacchias, Alphonſe-à-Caẓanẓa* & beaucoup de Sçavans en Juriſprudence ; quoiqu'il ait ſervi de baſe au Prononcé de pluſieurs Arrêts en différens tems, & en divers lieux ; il a été conteſté cependant par quelques Phyſiciens, qui, moins occupés à s'élever

contre la Loi qui le détermine, que contre l'opinion d'*Hippocrate*, fur laquelle la
Loi eft fondée, fe font étaïés d'obfervations, pour prouver qu'il falloit ou
avancer, ou retarder ce premier terme
de la *Vitalité* des Enfans.

. Mais l'obfervation, qui eft fouvent
fautive, illufoire, peu exacte, ne doit
pas fuffire feule pour éclaircir l'une des
plus obfcures d'entre les Queftions Me-
dico-légales : il convient d'y joindre les
Autorités & le Raifonnement. Ces trois
Guides conduifent toujours à la Vérité,
lorfqu'on ne les fépare point. Je tâche-
rai de ne m'en pas éloigner moi-même
dans l'examen de la Queftion impor-
tante fur le premier terme de la *Vitalité.*

Il femble qu'une chofe ait plus de
droit fur l'attention des hommes, à proportion qu'elle fort de l'ordre. On remarque auffi que plus un fait eft rare,
plus un Obfervateur a foin de le publier.
Il n'eft donc pas furprenant que les

Auteurs aient tranſmis plutôt l'Hiſtoire des Enfans qui ont ſurvêcu long - tems à leur naiſſance conſtatée avant le ſeptième mois de la groſſeſſe de leur Mère, que celle des Enfans du ſeptième mois même, dont ils ſe ſont preſque tous bornés à reconnoître la *Vitalité* en général. *Schenckius* a recueilli pluſieurs faits concernant les premiers.

Montuus a connu un homme d'un âge mûr, qui étoit né au cinquième mois ſeulement.

Valleſius a vu une fille de douze ans, de petite ſtature à la vérité, dont il fut prouvé d'une manière évidente que la Mère étoit accouchée dans le cinquième mois de ſa groſſeſſe.

Ferdinand Mena dit qu'il n'eſt pas étonné que dans un païs auſſi chaud, que l'eſt le Roïaume de Valence, il y ait un Enfant du cinquième mois qui vive ; puiſqu'à Madrid même on en a vu vivre un, né à pareil terme, d'une Mère dont la conduite étoit irreprochable.

Cardan raconte que la femme d'un Marchand de Vin lui avoit fait voir, à Milan, sa fille *Claire* dans la dix-huitième année de son âge, dont elle étoit accouchée le 168ᵉ jour, après la naissance d'un fils qu'elle avoit eu à quatre mois de grossesse ; & que *Claire* étoit petite, pâle & maigre.

La sœur *Euphrosie*, Religieuse du Couvent de Sainte-Radegonde, vivoit fort valétudinaire, selon le même Auteur, parcequ'elle étoit née le 170ᵉ jour après sa conception, en suite d'une fausse-couche de sa Mère.

Il y avoit même chez le Comte de *Saintsecond* une fille en démence, & dont la tête étoit d'un petit volume, parceque sa naissance, dit-on, ne pouvoit être datée que du cinquième mois.

Fortunio Liceti avoit une tête plus saine, comme on peut en juger par le grand nombre d'Ecrits qu'il a laissés : cependant il étoit né avant le sixième mois, n'étant pas plus grand que la main d'un adulte : il avoit été élevé dans les premiers tems à la chaleur d'un four, à peu près de la manière emploïée par les Egyptiens pour faire éclore les poulets, & il a vêcu environ 80 ans, felon quelques Auteurs. Voïez *les Enfans célèbres de Baillet.*

L'Avorton de *Marfeillan*, né en 1748 au cinquième mois de la groffeffe de fa Mère, offre un phénomène plus fingulier. M. *Brouzet* dit que, pendant les quatre premiers mois après fa naiffance, il a vêcu à la façon des fœtus, c'eft-à-dire, fans crier, fans têter, fans faire aucune excrétion, ni aucun autre mouvement, que celui d'avaler quelques goutes de lait tiéde. Après ces quatre mois, ou neuf mois après fa conception, il eft forti tout-à-coup de cette efpece de léthargie ; il a crié, têté, remué fes membres, & il a pris un tel accroiffement qu'à feize mois, il étoit devenu plus fort que ne le font ordinairement les Enfans de cet âge.

Cette Hiſtoire eſt confirmée par une autre à peu-près ſemblable, que *Thebeſius* a conſignée dans les *Nouveaux Mémoires de l'Académie des Curieux de la Nature*. Il eſt fait mention ici d'un enfant né à ſept mois, qui ne cria qu'au neuvième, quoiqu'il eût reſpiré dès le moment de ſa naiſſance : mais il étoit encore foible à l'âge de vingt-cinq ans.

Le fils de *Thomas Suighi* nâquit au ſixième mois, ne put pas têter, fut nourri du lait qu'on lui verſa dans la bouche à la faveur d'un entonnoir ; &, non-obſtant ces circonſtances, il parvint, ſelon *Cardan*, à un âge avancé.

Adrien Spigélius a connu en Zélande un Meſſager qui prouvoit par un témoignage authentique de la Ville où il étoit né, que la date de ſa naiſſance étoit du commencement du ſixième mois de la groſſeſſe de ſa Mère. *Diemerbroeck*, en racontant cette Hiſtoire, ajoute qu'il a vu lui-même une fille, âgée d'environ dix-huit ans, d'une grandeur ordinaire, laquelle étoit née au même terme.

Quoique tous ces faits ne foient pas également conftatés, il y en a affez d'avérés pour que l'on reconnoiffe que quelques enfans font nés viables avant le 182e jour fixé par *Hipocrate*. Ce furent vraifemblablement de pareils faits qui déterminerent *Claude Giardin* à publier, en 1573, un traité dont je ne connois que le titre rapporté par *Schenckius*, dans lequel il veut prouver que les Enfans nés au 171e jour, c'eft à-dire quelque tems avant le feptième mois, font viables & légitimes.

Cet ouvrage n'a pas perfuadé *Scipion Mercurii*, s'il l'a lû, puifque dans fon Livre fur les Accouchemens (*la Commare Oriccoglitrice*) où il admet la vitalité des Enfans du feptième mois, après avoir parlé de ceux que l'on dit avoir vêcu, quoiqu'ils fuffent nés au cinquième ou au fixième mois de la

groſſeſſe de leur mere, il ajoute plai-
ſamment, que s'il eut épouſé une femme
qui lui eut donné, à l'un de ces deux
derniers termes, un fils bien portant, il
auroit cru être un *Becco per Latino, &*
una Beſtia per Volgare.

C'eſt aux Juriſconſultes à décider ſi
l'opinion de *Giardin* peut prévaloir
quelquefois pour le premier terme de
vitalité, ſur le texte de la Loi qui le fixe
au 182ᵉ jour : je dois me borner en ce
moment à faire voir que cette loi eſt éta-
blie, non pas ſur des obſervations rares,
mais ſur des faits que l'on a vus pluſieurs
fois, dans les tems les plus reculés, &
qu'elle ſe trouve confirmée par ceux que
l'on voit ſouvent de nos jours.

Les Ecrits d'*Hippocrate* ſur leſquels
la Loi eſt appuiée, atteſtent à la vérité,
que parmi le grand nombre d'Enfans
qui naiſſent au ſeptième mois, il y en
a peu qui ſurvivent long-tems à leur
naiſſance, parce qu'alors ils ſont en
général trop foibles : que plus ils ſont

avancés dans le septième mois , plus
leur vie se soutient, jusques-là même
qu'il suffit qu'un Enfant soit né au 182^e
jour, & un peu plus du demi, après sa
conception , pour qu'il puisse vivre.

. *Aristote* ne détermine aucun jour fixe
pour la vitalité ; mais il assure qu'il y a
quelques Enfans du septième mois qui
naissent sans que tous leurs organes
soient bien formés ; que ceux-ci se
développent dans la suite, & que beaucoup d'enfans nés à ce terme sont viables:
Multique ex iis vitæ compotes evadunt.

. L'Enfant le plus précoce que *Galien*
ait vu vivre, étoit né le 184e jour de la
grossesse de sa mere : cependant cet
Auteur déclare avoir observé que plusieurs Enfans avoient vécu, leur naissance étant datée entre le 190e & le
200e jour; &, comme ce terme est compris
dans le septième mois de la grossesse, il
reconnoît que ce mois est propre à
établir leur vitalité.

Pline le Naturaliste ne la croit pas

possible avant le même mois ; & il pense que, pour qu'un enfant né à ce terme soit viable, il faut qu'il ait été conçu vers la pleine lune : opinion singulière, qui est peut-être due à ce que cet Auteur auroit remarqué, comme on l'observe encore journellement, qu'il mouroit beaucoup d'enfans nés au septième mois. Il rapporte une Observation curieuse au sujet d'une Dame Romaine, dont les Enfans nâquirent à différens termes de grossesse. C'est celle de *Vestilia*, qui accoucha de *Sempronius* au septième mois ; de *Julius-Rufus*, au onzième ; de *Corbulon*, au septième ; & de *Cæsonia*, au huitième ; lesquels ont tous vécus, deux de ses fils jusqu'à devenir Consuls, & sa fille, à être mariée à un *Caïus*. Je cite d'autant plus volontiers cette Histoire, quoiqu'elle soit tirée de *Pline*, que les Naturalistes modernes le justifient tous les jours du reproche qu'on lui a fait autrefois d'être au moins trop crédule.

Le

Le sentiment des Arabes sur la vitalité au septième mois, est conforme à celui des Grecs & des Latins. Qu'il me suffise à ce sujet de renvoier aux Livres d'*Avicenne*, dans lesquels cet Auteur déclare que ce terme est le premier auquel un Enfant soit viable, quoiqu'il ait attesté une fois, mais sans doute comme un fait très-rare, la continuation de la vie d'un Enfant né au sixième mois.

Depuis le renouvellement des Sciences en Europe, la vérité que les Anciens avoient annoncée, a été confirmée par les Observations des Modernes. Un fameux Médecin d'Autun, *Jean Lallamant*, qui florissoit dans le XVIe siécle, assure qu'en France il y a beaucoup d'enfans qui naissent au septième mois & qui vivent : il ajoute qu'il en a vû souvent, & qu'il a deux de ses petits fils nés jumeaux à ce terme, âgés de dix-huit ans lorsqu'il écrit, dont l'un est bien portant, quoiqu'il soit de petite stature,

B

& l'autre eſt paralytique depuis le premier mois après ſa naiſſance.

Les deux jumeaux Juifs du ſeptiéme mois, dont parle *Amatus Luſitanus* ne differoient pas ainſi entr'eux : l'Auteur ne dit point qu'ils fuſſent infirmes, comme l'étoit un des fils de *Valleriola*, qui, né au même terme, ne fut conſervé qu'à force de ſoins, tant il étoit foible pendant ſes trois premières années, & qui, pendant la quatrième, devint fort & bien portant : plus heureux en cela qu'un de ſes freres, né auſſi à ſept mois, qui mourut deux jours après, à la ſuite d'un embarras qui ſe fit dans ſa poitrine.

Il s'en faut bien que tous les Enfans de ce terme ſoient toujours foibles ou difficiles à élever, comme quelques Auteurs l'ont prétendu. *Lemnius* en a vû pluſieurs en Flandres, même des jumeaux, qui étoient nés avec un excellent tempéramment, & qui étoient parvenus à un âge très-avancé.

Le frere jumeau d'une sœur hydro=
pique, morte presque en naiſſant au
septième mois, étoit *fort* & *dru* , dit la
Sage - femme de la Reine *Marie de*
Médicis , Madame *Bourſier* , ſi récom=
mandable par ſes connoiſſances & par
ſon ingénuité à raconter ſeulement ce
qu'elle a vû : ce garçon a vêcu quelque
tems. « Il y a des enfans nés à ſept
» mois, ajoute-t'elle ailleurs, qui vivent
» & ſe portent bien : parce qu'alors ,
dit *Charles de - Saint - Germain* (dans
ſon *Ecole des Sages - femmes*) « ils ont
» toute la perfection requiſe , les enfans
» ne demeurant juſqu'au neuvième mois
» (dans le ſein de leur mere) que pour
» ſe fortifier davantage ».

Mauriceau tient un tout autre langage
en ces termes : « J'ai toujours remarqué
» que les enfans qui naiſſent effective-
» ment à ſept mois, ſont ſi petits & ſi
» foibles , que je n'en ai jamais vû un
» ſeul vivre plus de quinze jours, ſi ce
» n'eſt de ceux qui, quoi qu'ils fuſſent

» nés feulement à fept mois de mariage,
» avoient au moins, ajoute cet Auteur,
» huit & neuf mois de façon, & étoient
» tout femblables en groffeur & en force
» à des Enfans parfaitement à terme. »

L'opinion d'un accoucheur fi célébre,
la même que celle de *Venette*, ne peut
être bien combattue que par des obfervations contraires aux fiennes, & l'eft
mal par les injures que *Viardel* lui op-
pofe au lieu de faits conftatés, ou par
les réflexions critiques de *Peu* fon con-
tradiĉteur en cent occafions. *De la Motte*
l'a bien fenti : &, plus fage que *Peu* &
Viardel, il a choifi dans beaucoup de fes
obfervations qu'il auroit pu rapporter,
les deux plus décifives fur la vitalité des
Enfans au feptième mois, où elle eft
évidemment démontrée. L'on voit dans
la première que, quoique l'enfant fut
né petit & eut refté un peu «langoureux
» pendant les deux premiers mois, il prit
» enfuite tant de vigueur & de force,
» qu'en deux autres mois il égala les

» plus forts & les plus grands Enfans de » fon âge , & s'eft parfaitement bien porté, de même que celui qui fait le fujet de la feconde Obfervation.

Le feptième mois eft reconnu propre à la vitalité par *Déventer* & par le Docteur *Smellie* : il eft vrai que ces Auteurs ne traitent pas expreffément ce point de difcuffion ; cependant le dernier paroît décéler fon fentiment dans une de fes obfervations, puifqu'après avoir parlé d'une femme qui étoit accouchée dans un état d'affoibliffement. confidérable, produit par une perte de fang , dont la durée avoit été de plus de quatre mois, & qui avoit commencé deux mois après la Conception, il ajoute que fon Enfant ne laiffa pas de vivre, d'autant plus qu'il étoit né dans le courant du feptième mois de la groffeffe de fa mere.

M. *Levret*, l'un des plus célébres , comme l'un des plus fçavans Accoucheurs de nos jours, parle fans ambi-

B iij

guité fur ce fujet, dans fes Remarques
fur les Aphorifmes de *Mauriceau*. « Il eft
» prouvé inconteftablement ; dit-il,
» qu'il y a des femmes qui accouchent
» à fept mois, d'Enfans auffi forts & auffi
» vigoureux que s'ils en avoient neuf,
» & que d'autres mettent au monde à
» neuf mois des Enfans fi petits & fi
» foibles de conftitution, quoique fe
» portant bien d'ailleurs, qu'on feroit
» tenté de croire qu'ils n'ont que fept
» mois. »

J'ai fouvent obfervé ce dernier point
de la remarque de M. *Levret* : je pourrois
citer plufieurs exemples de l'autre : je me
borne à un petit nombre. M. *Chauffier*,
Doyen du Collége des Médecins de
Dijon, fournit en lui-même la démon-
ftration la plus complette de la vigueur,
de la bonne conftitution & de la vitalité
des Enfans du feptième mois : il eft né à
ce terme; &, par une rencontre fingulière,
Mme fon Époufe, qui eft devenue
mere d'environ dix-neuf Enfans, & qui

a joui d'un bon tempérament, étoit née aussi dans le septième mois.

Ce même Médecin m'a certifié qu'il y avoit, dans le Couvent de la Visitation de Dijon, une Religieuse, d'un âge mûr, dont la naissance, au cinquième mois de la grossesse de sa Mère, n'étoit pas équivoque.

Il est connu, dans la même Ville, qu'une vertueuse Dame craignit que sa réputation ne souffrît de la naissance de son premier Enfant, bien constitué dans le septième mois de son mariage, jusqu'à ce que celle d'un second Enfant en aussi bonne santé, arrivée au même terme, après le mois des premières couches, eut mis sa vertu à l'abri de tout soupçon.

Le P. *Oudin*, mieux connu par rapport à ses vertus & à sa profonde érudition, que par le grand âge auquel il est parvenu, & par l'excellence de son tempérament, étoit du septième mois.

Il y a ici une Mère de dix-sept En=

B iv

fans, dont huit jouiffent d'une fanté parfaite. Elle accoucha des trois premiers au commencement du neuvième mois de chaque groffeffe ; l'un d'eux eft mort. Son quatrième Enfant nâquit vers la fin du fixième mois, & certainement avant le feptième : il a aujourd'hui plus de 30 ans. Les onze fuivans vinrent au monde à differens jours du feptième mois : huit d'entr'eux font morts dans le bas-âge ; les trois qui vivent étoient forts dès leur naiffance, & le font encore autant, pour le moins, que le feizième & le dix-feptième qui font nés au neuvième mois.

En 1760, une Dame accouche, à Dijon, de deux Enfans vers le 190ᵉ jour de fa groffeffe : l'un eft d'une corpulence ordinaire à ce terme, il meurt fur le champ : l'autre paroît avoir tout au plus celle d'un Enfant de cinq mois, quoiqu'il foit né dans le feptième ; il tombe entre les mains d'une Nourrice qui lui donne du mauvais lait ; il fur-

monte, pendant quelques mois, ce nou-
vel obftacle à la continuation de fa vie:
on s'en apperçoit encore affez-tôt pour
conferver cet Enfant par une meilleure
nourriture ; & , en moins d'une année,
il devient fort & vigoureux , mais il
refte de petite ftature.

J'accumulerois un trop grand nombre de faits relatifs à ceux que je viens
de recueillir , fi je voulois compulfer
tous les Auteurs qui en fourniffent, ou
préfenter tous les exemples qui prou-
vent la *Vitalité phyfique* de quelques
Enfans au cinquième, au fixième & fur-
tout au feptième mois , compris entre
le 182e & le 212e jour de la groffeffe.
Il vaut mieux tâcher d'établir la caufe
de leur *Vitalité*.

Rapporter cette caufe à la vertu des
Septénaires , comme l'ont fait *Hippo-*
crate & fes Sectateurs : ce feroit adopter
fans preuves ce qui paffe encore en général, pour une des fubtiles rêveries de
l'Ecole Pythagoricienne fur les Nom-

bres ; admettre , comme les Partifans de l'Aftrologie Judiciaire l'ont prétendu autrefois , la néceflité de l'influence des fept Planetes fur l'Enfant dans le fein de fa Mère pour le rendre viable : ce feroit vouloir rétablir des abfurdités heureufement avouées ; dire avec beaucoup d'Auteurs que le Fœtus acquiert , dans le feptième mois , toute la perfection dont il a befoin pour vivre : ce feroit mal éclaircir & trop généralifer la propofition , puifqu'il eft faux que tous les Enfans du feptième mois aient la force de foutenir les changemens qu'ils éprouvent en arrivant au monde. C'eft par l'examen de ces changemens que l'on peut trouver la principale caufe , ou de la longue *furvie* des Enfans à leur naiffance , ou de leur mort prochaine , à quelque terme de groffeffe que leur Mère accouche.

Le Fœtus , plongé dans un liquide , vit fans refpirer : fes poulmons , inutiles alors , refferrés en un petit volume , ne reçoivent du fang qu'autant qu'il leur en faut pour être préparés aux fonctions qu'ils doivent remplir dans la fuite : Mais auffitôt que l'Enfant eft né, le jeu de la refpiration commence ; l'air pénètre les poulmons, les dilate affez pour que les plis tortueux de leurs vaiffeaux s'effacent, & que ceux-ci ouvrent une nouvelle route au fang que le cœur, à chaque contraction, envoie à ces vifcères en quantité, à peu près égale à celle qu'il verfe dans la plus grande artère du corps. Il faut que les poulmons aient une certaine force au moment de la naiffance de l'Enfant, pour qu'il conferve, étant expofé à l'air, la vie dont il jouiffoit dans l'eau ; fans quoi l'air, qui les diftendra, forcera leur reffort naturel, & le fang, qui y abordera, n'en étant point chaffé en même proportion, y occafionnera par fon féjour des engorgemens mortels : mais les poulmons n'acquierent que par dégrés toute la vigueur dont ils ont befoin, pour

fupporter l'influx de l'air & du fang, &
fe débarraffer alternativement de l'un
& de l'autre.

Le premier inftant de la conception
de l'homme n'accomplit pas fa généra-
ration : à peine eft-il marqué par l'ef-
quiffe de quelques parties du corps humain ; elles ne fe développent toutes,
que fucceffivement par une génération
long-tems continuée ; & jamais leur
développement ne fe fait bien que quelque tems avant celui auquel elles doivent
être emploïées aux fonctions qu'elles
font deftinées à remplir.

Les membres du Fœtus font encore
invifibles, quand le cerveau, la moëlle
épinière, & le cœur font déja d'un volume remarquable ; parceque le développement de ceux-ci eft d'une abfolue &
de première néceffité pour fa vie ; tandis que, le moment des fonctions des
autres étant fort éloigné, leur accroiffement feroit fuperflu. Ces mêmes membres, qui paroiffent bien conftitués dans

l'Enfant nouveau-né, font pourtant im-
parfaits alors, puifqu'ils ne peuvent ni
tranfporter le corps, ni en foutenir le
poids : auffi n'ont-ils point avec la tête
cette proportion que l'âge leur donne,
& qui, moins elle s'éloigne des mêmes
parties dans les adultes, plus elle devient un figne certain que l'Enfant eft
prêt à marcher ou à fupporter de légers
fardeaux.

Mais il y a des organes, cachés au
moment de la naiffance, qui paroiffent
avant même que les bras & les jambes,
déja développés, ne fe perfectionnent,
attendu que ces organes font néceffaires
plus promptement que les membres :
telles font les gencives qui s'allongent,
les dents incifives qui fe font jour un
peu avant que le lait ceffe d'être une
nourriture fuffifante à l'Enfant ; au lieu
que les dents canines, les molaires fe
montrent plus tard, & feulement quand
il lui faudra bientôt des alimens d'une
plus forte confiftance.

Le renouvellement des dents , l'ac=
croiſſement de tout le corps indiquent
toujours une génération continuée. Le
paſſage de l'Enfance à l'Adoleſcence
eſt auſſi marqué bien préciſément par
le développement de nouvelles parties,
par la formation du ſein ; par cette irro-
ration qui , comme le débordement du
Nil annonçoit la fertilité des terres, eſt
l'heureux préſage d'une bonne diſpoſi-
tion à la fécondité.

Mais , ſi l'obſervation démontre tous
ces développemens , elle prouve auſſi
que le terme de chacun d'entr'eux n'eſt
point invariablement fixé à un jour ; à
un mois, à un an certain de l'âge. Tel
Enfant a des dents à quatre mois, tandis qu'un autre n'en a point à vingt,
quoique le tems ordinaire de la première
dentition ſoit entre le ſeptième & le
huitième mois après la naiſſance. On
voit des Enfans marcher à un an, &
d'autres ne le pouvoir pas encore à deux.
Une Fille eſt nubile ordinairement à

quinze ans ; mais il y en a qui le devien-
nent à douze ans, & d'autres qui ne le
font pas à dix-huit. L'activité de la
Nature n'eſt pas égale par-tout & en
tout. Quoique ſouvent uniforme, elle
ne laiſſe pas que d'être tantôt précoce,
tantôt tardive ; & ſes variations ne ſont
point rares, ſans que l'ordre en ſoit
troublé, parcequ'il eſt de l'ordre qu'elle
varie, attendu les inconvéniens qui pourroient réſulter de ſon uniformité, ſi elle
étoit conſtante.

Les poulmons, ces organes dont le
Fœtus n'a pas beſoin, & qui ſont ſi né-
ceſſaires à l'Enfant pour vivre, éprouvent les mêmes variations que ſes autres
parties : ils ſont néanmoins aſſujettis
comme elles à des Loix générales que
la Nature n'enfreint pas. M. de Haller
a obſervé que, dans le Fœtus du poulet
à qui vingt-un jour d'incubation ſuffi-
ſent pour éclore, les poulmons ne
paroiſſent qu'à la fin du ſixième jour,
tandis que la tête ſe montre au premier ;

le cœur au deuxième, les aîles & les jàm-
bes même au troifième : mais, fi les
poulmons commencent plus tard que
les membres à fe former ; leur accroiffement eft plus prompt, parcequ'ils
font emploïés plutôt qu'eux à la con-
fervation de l'animal, obligé de refpirer avant que de marcher ou de
voler.

En fuppofant que le même ordre de
génération fut proportionnel entre le
Fœtus du poulet & le Fœtus humain,
les poulmons de celui-ci ne fe dévelop-
peroient que dans le troifième mois après
la conception : cependant on les apperçoit avant ce terme. *Harvée* les a vus
diftinctement dans un petit Fœtus
de cinquante jours. Nous n'avons
point affez d'obfervations pour établir
un terme préfix au développement de
ces vifcères dans le Fœtus humain. Il
eft conftant néanmoins que, comme ils
n'y exécutent aucune fonction, ils s'y
développent plus tard que beaucoup

d'autres

d'autres parties qui doivent servir au Fœtus avant eux.

Il n'est pas moins constant que les poulmons du Fœtus sont comprimés de toutes parts. En-haut & par-devant, c'est le thymus, d'un volume considérable, qui les presse contre l'épine & les portions postérieures des côtes ; en bas, c'est le diaphragme qui, repoussé vers la poitrine par le foie que sa grosseur rend remarquable dans le Fœtus, repousse à son tour le cœur contre les poulmons & l'aide à les comprimer.

Si une telle compression borne l'augmentation du volume de ce viscère, il en résulte un avantage plus réel que ne le seroit son accroissement précipité. Les poulmons doivent être dans l'Enfant d'une substance rare, spongieuse, facile à se dilater & à se resserrer, pour recevoir ou rejetter l'air qui aura pénétré dans ses vésicules : il faut encore que celles-ci supportent le poids de la colomne d'air de l'atmosphère qui leur correſpond , & qu'elles ſoutiennent en même tems un réſeau vaſculeux compoſé non - ſeulement d'artères (que le ſang, chaſſé du cœur avec force, parcourt avec rapidité après que la reſpiration a diſtendu les véſicules) mais auſſi de veines, où le ſang perfectionné paſſe pour retourner au cœur, afin d'être diſtribué dans toutes les autres parties du corps par ce principal agent de la circulation.

Or les poulmons ne rempliront ces fonctions qu'autant que les fibres conſtitutives des véſicules & des vaiſſeaux pulmonaires réuniront la force avec la ténuité ; qu'elles ſeront flexibles, grêles, & denſes en même tems ; ſans quoi elles ne pourroient pas ſoutenir l'influx de l'air & du ſang, s'étendre pour les recevoir l'un & l'autre & ſe replier ſur elles-mêmes pour les expulſer.

C'eſt la compreſſion, que les poulmons ont ſoufferte dans le Fœtus, qui, de concert avec l'humeur particulière ſéparée par les propres glandes de ce

vifcère, ou peut-être auffi par le thymus, donné ces qualités aux fibres con_
ftitutives des véficules & des vaiffeaux
pulmonaires. En effet leurs principes
étant rapprochés & refferrés par la force
& par le volume des corps qui les en-
vironnent, ils acquierent une plus grande
denfité, une confiftance plus ferme ; &
les fibres qui en réfultent obtiendroient
par leur coadunation, la folidité des fibres
tendineufes ou des ligamenteufes, fi les
humeurs trachéale, bronchique, ou
même thymique, filtrées en abondance,
ne les empêchoient pas de fe coller en
fe plaçant entr'elles, & ne les tenoient
pas un peu écartées par la propriété que
les liquides renfermés ont de réfifter à
la force comprimante : d'où il fuit que
ces fibres, alliant dans une petite maffe
la denfité & la flexibilité, font très
vigoureufes.

Il leur faut cette vigueur au moment
de la naiffance de l'Enfant, pour qu'il
conferve à l'air la vie dont il jouiffoit

C ij

dans l'eau ; pour qu'il s'exécute en luî une nouvelle fonction vitale, & pour qu'il supporte le prodigieux change- ment qui arrive dans une autre de ces fonctions. En effet le Fœtus qui n'a ja- mais respiré, tant qu'il a été renfermé dans le sein de sa Mère, n'en est pas plutôt dehors que la respiration s'éta- blit ; &, dès ce moment, son sang cir- cule par des routes différentes de celles qu'il suivoit avant que l'air ne pénétrât ses poulmons.

Lorsque le cœur du Fœtus se con- tracte, il distribue à toutes les parties du corps, par l'aorte & par ses branches, le sang que son ventricule gauche con- tenoit, & il chasse en même-tems, dans l'artère pulmonaire, celui du ventricule droit : mais les poulmons étant nécessai- rement comprimés, comme je viens de le prouver, les ramifications de cette artère ne peuvent pas recevoir le sang de leur tronc principal, qui est forcé de l'envoïer à l'aorte inférieure par un

canal artériel de communication placé
entre ces deux gros vaiſſeaux. Ce liquide
vivifiant paſſe du dernier ſucceſſivement
dans les artères iliaques, les ombilicales
& le placenta : d'où il revient au Fœtus
par la veine ombilicale qui le conduit
au foie, après l'avoir fait paſſer dans les
différentes branches du ſinus de la veine-
porte. Mais, dans ce ſinus, il y a auſſi un
canal veineux de communication, par
lequel une partie de ce ſang ſe jette dans
la veine-cave inférieure, pour qu'il s'y
confonde avec celui qu'elle avoit reçu
d'autre part, & qu'il ſoit porté dans
l'oreillette droite du cœur, où il ſe mêle
encore avec celui que la veine-cave
ſupérieure y fait deſcendre. Cette oreillette eſt percée d'un trou ovale à ſon
adoſſement avec la gauche ; de ſorte
que le ſang, envoïé à la première, s'é-
panche auſſi dans l'autre, ſans qu'il puiſſe
refluer par la même route que la valvule d'Euſtache ferme ; & ces deux oreillettes ſe dégorgent dans les ventricules

C iij

du cœur, d'où le fang eft expulfé par une nouvelle contraction de ce vifcère, afin qu'il circule encore dans les mêmes vaiffeaux qu'il a déja parcouru.

A peine l'Enfant eft-il né qu'il fe développe d'autres vaiffeaux, qui étoient à la vérité fans fonction avant fa naiffance; mais que la Nature avoit préparés à des ufages importans. Auffi-tôt que l'air, dont il n'avoit point encore fenti les atteintes, s'infinue dans les véficules pulmonaires, qui avoient été affaiffées jufqu'au moment que la poitrine s'éléve pour la première fois, & que cet air éloigne les parois de ces véficules qu'il gonfle: les vaiffeaux fanguins, qui rampent fur leurs furfaces & qui étoient repliés dans le Fœtus, par un effet de la compreffion qui les fortifioit, font allongés & diftendus. Les poulmons acquierent un volume plus confidérable par cette première infpiration, & ils forcent le diaphragme à defcendre & à comprimer à fon tour le foie qui l'avoit tous

jours pouſſé vers la poitrine. Alors le
ſang, que la contraction du ventricule
droit a chaſſé dans l'artère pulmonaire,
ne trouvant plus d'obſtacle qui s'oppoſe
à ſon entrée dans ſes ramifications, laiſſe
de côté le canal artériel qu'il avoit ſuivi,
les pénètre ; &, étant parvenu aux véſicules, il y reçoit les impreſſions de
l'air.

Cependant la partie des organes de
la reſpiration, qui a été nouvellement
miſe en jeu, ſe fatigue & ſe relâche ;
l'autre entre en action : la poitrine s'ab-
baiſſe, les poulmons ſe reſſerrent & ren-
voient à l'atmoſphère la portion d'air
qu'ils en ont reçue, & dans les veines
pulmonaires le ſang qu'ils ont travaillé
depuis que leur artère principale le leur
a diſtribué. Ces veines le conduiſent
dans l'oreillette gauche en même-tems
que la veine-cave ſe dégorge dans la
droite ; de ſorte que le ſang, qui revient
des poulmons, applique la valvule d'Euſtache contre le trou ovale ; ce qui rend

C iv

impraticable l'ancienne communication des oreillettes, & chacune d'elles
verse dans le ventricule voisin le sang
que lui a fourni le sinus veineux auquel
elle aboutit.

Pendant que l'air, introduit dans les
poulmons, produit ces changemens dans
la circulation du sang, la ligature que
l'on fait au cordon ombilical en occa-
sionne d'autres : elle arrête le sang que
les artères iliaques envoient aux ombilicales ; la veine de ce nom n'en reçoit
plus pour le porter au foie ; le canal veineux de communication entre le sinus
de la veine-porte & la veine-cave inférieure, devient inutile, s'oblitère & se
change comme le canal artériel & les
vaisseaux ombilicaux, en une espece de
ligament.

L'Enfant ne pourra donc survivre à
sa naissance, qu'autant que ces changemens s'opéreront avec facilité, que la
respiration, qui lui devient nécessaire,
s'exécutera sans gêne, & que la circu-

lation du fang s'établira librement dans
fes poulmons. Mais fi les véficules & les
vaiffeaux pulmonaires font viciés dans
leur organifation, l'air & le fang n'y
trouveront pas un libre cours, & l'Enfant ne tardera point à être fuffoqué.

Ces principes nous conduifent à reconnoître deux vérités importantes : la
première, qu'un Enfant eft *viable*,
lorfque fes poulmons bien préparés
avant fa naiffance peuvent alternativement fupporter l'effort que l'air & le
fang font fur eux en les pénétrant, &
fe débarraffer de l'un & de l'autre quand
ils commencent à en être furchargés.
La feconde, que le *premier terme de fa
vitalité n'eft pas abfolument fixe;* parceque, dépendant de celui auquelles poulmons ont acquis le dégré de forces néceffaires pour remplir leurs fonctions, il
fera variable comme lui : prématuré, fi
la Nature a préparé de bonne-heure &
promptement ces organes; tardif, fi elle
a commencé un peu tard des opérations

qu'elle n'a exécutées qu'avéc lenteur. De-là fuit un enchaînement d'autres vérités également prouvées par le raifonnement, l'obfervation & l'expérience. Ainfi :

1°. Le terme le plus ordinaire de la *Vitalité phyfique* des Enfans, eft au *neuvième mois* de la groffeffe de leur Mere, tems auquel les poulmons font prefque toujours en état de fervir aux nouveaux-nés. Cependant il y a quelques Enfans du *neuvième mois* qui, quoiqu'ils aient une *Vitalité légale*, ne font pas *phyfiquement Viables*, quand même ils feroient de grandeur proportionnée à la date de leur naiffance, & qu'ils auroient des membres bien conftitués ; parceque leurs poulmons ne font pas biens difpofés aux ufages auxquels ils font deftinés. J'ai vû plufieurs Enfans dans ce cas : leurs cris font foibles, leur refpiration eft fréquente & difficile : ils fe plaignent prefque continuellement, & ils meurent quelquefois dans le quart d'heure , fuffoqués par l'engorgement des poulmons , dont les fibres conftitutives encore trop lâches, n'ont pas eu la force de renvoier au cœur toute la quantité de fang que les vaiffeaux qu'elles compofent en avoient reçues. D'autres vices des poulmons , tels que la trop grande rigidité de fes fibres qui s'oppoferoit à la dilatation des Véficules ou des Vaiffeaux pulmonaires ; la confiftance tenace du mucus , dont les bronches font remplies alors, & qui formeroit un obftacle à la libre introduction de l'air dans les Véficules, &c. empêcheroient auffi l'Enfant de furvivre à fa naiffance , au terme le plus favorable à la *Vitalité phyfique.*

2°. Si un Fœtus, dont les organes de la refpiration feroient mal préparés au *neuvième mois ,* eft confervé dans le fein de fa Mere par quelque caufe que ce puiffe être, jufqu'à ce que les poulmons aient acquis le degré de perfection néceffaire à la vie de l'Enfant, & qu'il

naisse au *dixième mois* de la grossesse ,
& même plus tard, s'il est possible, il sera
Viable légalement & physiquement , comme le font d'ordinaire les Enfans du
neuvième.

3°. Le plus grand nombre des Enfans
qui naissent *avant le neuvième mois,*
meurent peu de tems après leur naissance, faute d'avoir des poulmons en
état de recevoir les impressions de l'air
& du sang : & le nombre de ces morts
augmente en proportion de l'éloignement du terme de l'accouchement prématuré de leur Mere, à celui de l'accouchement naturel : de sorte qu'un Enfant
du *huitième mois* , sera plutôt présumé
Viable qu'un du *septième* , celui-ci qu'un
autre du *sixième* , &c.

4°. Tous les Enfans qui naissent vivans
au *second*, au *troisième* & au *quatrième*
mois de la grossesse, n'ont *aucune Vitalité*
soit *physique*, soit *légale*, & ils ne tarderont
pas à mourir, parcequ'à ce terme leurs
poulmons ne sont pas bien organisés,

Mais comme la mort enleve auffi bientôt, prefque tous les Enfans nés au
cinquième & au *fixiéme mois* ; ils ne font
pas *Viables felon la loi* ; quoique la *furvie*
d'un très-petit nombre d'entr'eux, at-
teftée par les Obfervations, démontre
que les poulmons font quelquefois
préparés d'affez bonne heure, pour que
quelques Enfans de ce terme aient une
Vitalité phyfique.

5°. Les Enfans du *feptième* & du
huitième mois au contraire, ont toujours
une *Vitalité légale*, parceque plufieurs
parviennent à un âge avancé, malgré
le préjugé populaire qui condamne tous
ceux du *huitième mois* à une mort prochaine : préjugé que je n'attaque point,
attendu qu'on a dit, il y a long-tems,
qu'il feroit auffi ridicule de le combattre
que de le foutenir. Mais, comme le nombre des Enfans qui furvivent à leur
naiffance arrivée dans le cours de
ces deux mois de groffeffe, n'égale
pas celui des Enfans qui meurent après

Être venus au monde au même terme, ils n'ont une *Vitalité physique*, qu'autant que leurs poitrines sont bien constituées.

6°. La bonne constitution des organes de la respiration étant ordinairement préparée par la Nature , avant celle de plusieurs autres organes moins nécessaires à la vie & avant celle des membres, les Enfans qu'elle rendra *physiquement Viables* , ne cesseront pas de l'être , parce que leurs organes de moindre nécessité & leurs membres feront ou petits, ou mal constitués. Ceux du *cinquième* , du *sixième* & du *septième mois* qui sont nés foibles, qui ont vêcu valétudinaires , ou qui n'ont acquis qu'avec le temps des forces proportionnées à leur âge , le démontrent: de même que la prompte mort de quelques Enfans qui naissent avec des membres bien constitués & des poulmons mal organisés, prouve que le bon état des membres dont le développement plus parfait auroit précédé contre l'ordinaire celui des poulmons, ne donne pas la *Vitalité phyſique*.

7°. Le pronoſtic ſur la *Vitalité phyſique* d'un Enfant qui vient de naître, ne doit pas être tiré de l'inſpection de ſes membres, mais de la manière dont ſe fait la reſpiration. Ainſi un Enfant du *neuvième mois* dont l'organiſation des membres ſera parfaite pour le terme de ſa naiſſance & qui reſpirera difficilement, ſera *phyſiquement moins Viable* qu'un Enfant *d'un des quatre mois* qui le précédent, qui auroit même des membres plus petits, qu'ils n'ont coutume de l'être à ces termes, & qui en même tems auroit la reſpiration libre, aiſée.

8°. Enfin la Nature étant quelquefois tardive en ſes opérations comme elle y eſt d'autres fois précoce, il y a des Enfans nés au *neuvième mois*, dont la plûpart des organes ſont trouvés plus petits & plus foibles qu'on ne les voit ordinairement à ce terme, ſans que cette diminution de volume & de force empêche toujours ces Enfans d'être *Viables*: leur délicatesse les rend à la vérité difficiles à élever. Au contraire, il y a des Enfans du *septième mois* qui viennent au monde, non-seulement avec des poulmons bien constitués pour la *Vitalité*, mais encore avec des membres mieux formés, mieux nourris, plus robustes qu'on n'avoit lieu de les attendre à cette date: aussi n'apperçoit-on aucune différence entre la vigueur de ces Enfans & celle de la plûpart de ceux qui naissent au terme le plus ordinaire.

F I N.

Extrait des Régistres de l'Académie des Sciences, Arts & Belles - Lettres de Dijon, du 28 Décembre 1764.

L'ACADÉMIE, ayant oui la lecture du *Mémoire* de M. HOIN, *sur la Vitalité des Enfans*, lui a accordé d'un consentiment unanime la liberté de prendre à la tête de cet Ouvrage le titre d'ACADÉMICIEN.

Signé, MARET, D. en Médecine, Secrétaire perpétuel.

M. DCC. LXV.